Bridges of Light: And Other Bilingual Swedish-English Stories

Pomme Bilingual

Published by Pomme Bilingual, 2024.

BRIDGES OF LIGHT: AND OTHER BILINGUAL SWEDISH-ENGLISH STORIES

First edition. July 16, 2024.

ISBN: 979-8224680689

Written by Pomme Bilingual.

Table of Contents

Den Magiska Skogen och Vänskapens Stjärnor

―――――

I en liten by som låg inbäddad bland de böljande kullarna, fanns en plats som få människor kände till – en förtrollad skog där solen alltid sken och blommorna sjöng i vinden. Det var inte en vanlig skog, utan en plats där magi och verklighet sammanflöt och där vänskapens kraft var den största magin av alla.

I denna skog bodde en ung flicka vid namn Elina. Hon hade alltid älskat att gå på äventyr, men denna skog var speciell. Det sades att den hade en egen själ, och att den kunde känna när någon behövde tröst eller vägledning. Varje kväll när Elina gick in i skogen, följde stjärnorna på himlen hennes väg med ett milt ljus som gjorde att hon aldrig behövde vara rädd.

En dag, när Elina vandrade genom de glittrande träden, hörde hon ett svagt, sorgset ljud. Det var som en viskning bland bladen, som om skogen själv grät. Hon följde ljudet tills hon kom till en liten glänta där en ensam, liten fågel satt på en gren. Fågeln hade ett glänsande, blått fjäder som såg ut som en bit av himlen och en sorgsen blick.

Elina satte sig försiktigt ned under trädet där fågeln satt och frågade med en vänlig röst: "Varför är du ledsen, lilla vän?"

Fågeln svarade med en mjuk, nästan förlorad röst: "Jag är förlorad. Jag har flugit långt bort från min familj och vet inte hur jag ska hitta hem."

Elina kände medlidande och ville hjälpa. "Jag kanske kan hjälpa dig att hitta din familj," sade hon. "Följ med mig så ska vi se vad vi kan göra."

Tillsammans började de sin färd genom skogen. Elina ledde vägen medan fågeln flög ovanför henne, och stjärnorna på himlen verkade lysa ännu klarare som för att guida dem. Skogen var fylld med olika djur och växter, och varje gång Elina stannade för att fråga någon av dem om de sett fågelns familj, fick de vänliga svar och små ledtrådar om vart de kunde gå härnäst.

Timmarna gick och snart började solen gå ner, vilket färgade himlen i nyanser av rosa och guld. Elina kände sig trött, men hon fortsatte att gå. Just när hon började tvivla på om de någonsin skulle hitta fågelns familj, hörde de ett glädjefyllt kvitter från en närliggande buske. Det var som ett svar på deras sökande.

När de närmade sig ljudet, såg de en grupp fåglar som flög omkring och kvittrade i takt. Det var fågelns familj! Den lilla fågeln flög snabbt till dem och blev mött med glädje och kramar. Elina kände en varm känsla av tillfredsställelse när hon såg den lilla fågelns lyckliga ansikte.

Familjen fåglar tackade Elina och hon log. "Det var inget," sade hon. "Det var en ära att kunna hjälpa dig."

Som en gest av tacksamhet gav fåglarna Elina en av sina mest speciella fjädrar – den med den blå färgen som liknade en bit av himlen. "Denna fjäder har en magisk kraft," förklarade de. "När du känner dig ensam eller vill ha en vän vid din sida, kan du hålla den nära dig och stjärnorna kommer att visa dig vägen."

Elina tog emot fjädern med ett leende och sa farväl till fåglarna. När hon vände sig om för att gå hem, såg hon att stjärnorna på himlen hade bildat en vacker, lysande väg som ledde tillbaka till hennes by. Med varje steg hon tog, kände hon den mjuka, tröstande känslan av magin från skogen och fjädern.

När hon kom hem, satte Elina fjädern på sitt skrivbord där hon kunde se den varje dag. Den påminde henne om att även i de svåraste tider, när man känner sig förlorad eller ensam, finns det alltid en väg att hitta hem och en vän som är där för att hjälpa.

Så fortsatte Elina sina äventyr med en ny förståelse för magin i världen omkring henne och den oföränderliga kraften i vänskap och medmänsklighet. Skogen förblev en plats av mirakel och tröst, och varje gång hon gick dit, visste hon att stjärnorna alltid skulle leda vägen.

The Magical Forest and the Stars of Friendship

In a small village nestled among rolling hills, there was a place known to few – an enchanted forest where the sun always shone and the flowers sang in the wind. It was not an ordinary forest but a place where magic and reality blended and where the power of friendship was the greatest magic of all.

In this forest lived a young girl named Elina. She had always loved going on adventures, but this forest was special. It was said to have a soul of its own and could sense when someone needed comfort or guidance. Every evening when Elina walked into the forest, the stars in the sky followed her path with a gentle light that made her feel safe.

One day, as Elina wandered through the shimmering trees, she heard a faint, sorrowful sound. It was like a whisper among the leaves, as if the forest itself were crying. She followed the sound until she reached a small clearing where a lonely little bird sat on a branch. The bird had a shining blue feather that looked like a piece of the sky and a sorrowful gaze.

Elina carefully sat down under the tree where the bird perched and asked in a gentle voice, "Why are you sad, little friend?"

The bird responded with a soft, almost lost voice, "I am lost. I have flown far away from my family and don't know how to find my way home."

Elina felt compassion and wanted to help. "Perhaps I can help you find your family," she said. "Come with me, and we will see what we can do."

Together, they began their journey through the forest. Elina led the way while the bird flew above her, and the stars in the sky seemed to shine even brighter as if guiding them. The forest was filled with various animals and plants, and every time Elina stopped to ask any of them if they had seen the bird's family, they received friendly answers and small clues about where to go next.

Hours passed, and soon the sun began to set, painting the sky in hues of pink and gold. Elina felt tired but continued to walk. Just when she started to doubt whether they would ever find the bird's family, they heard a joyful chirping from a nearby bush. It was like an answer to their search.

As they approached the sound, they saw a group of birds flying around and chirping in unison. It was the bird's family! The little bird flew quickly to them and was greeted with joy and hugs. Elina felt a warm sense of satisfaction as she saw the little bird's happy face.

The bird family thanked Elina, and she smiled. "It was nothing," she said. "It was an honor to be able to help you."

As a gesture of gratitude, the birds gave Elina one of their most special feathers – the one with the blue color that resembled a piece of the sky. "This feather has a magical power," they explained. "When you feel lonely or want a friend by your side, you can hold it close and the stars will show you the way."

Elina accepted the feather with a smile and said farewell to the birds. As she turned to head home, she saw that the stars in the sky had formed a beautiful, glowing path leading back to her village. With each step she took, she felt the soft, comforting sensation of the magic from the forest and the feather.

When she got home, Elina placed the feather on her desk where she could see it every day. It reminded her that even in the hardest times, when one feels lost or alone, there is always a way to find home and a friend who is there to help.

And so, Elina continued her adventures with a new understanding of the magic in the world around her and the unchanging power of friendship and kindness. The forest remained a place of miracles and comfort, and each time she went there, she knew that the stars would always lead the way.

Ljusets Broar

I en fjärran dal, där fjällen bär snön som en glittrande mantel och floderna viskar sina hemligheter till vinden, låg en liten by kallad Ljusdal. Byborna var kända för sina vänliga hjärtan och sina otroliga berättelser om magiska händelser som föregick deras liv. Men det fanns en historia som ingen riktigt ville prata om – en historia om en gammal bro som en gång var byns livsnerv, men som nu var täckt av mossa och glömd av tiden.

Den gamla bron, känd som Ljusets Bro, hade en gång fört samman människor, länder och hjärtan. Berättelser sa att bron var byggd av stjärnstoft och drömmar, och att den hade en magisk förmåga att läka brustna relationer och skapa band mellan dem som var vilse. Men när brokonstruktionen började vittra och tidens tand började tugga på dess kantstenar, blev den inte längre använd, och ingen visste längre vad som en gång gjorde den så speciell.

I en av de små stugorna i Ljusdal bodde en ung pojke vid namn Felix. Felix var en drömmare som älskade att utforska skogarna och bergen runt byn. Han hade ofta hört historierna om Ljusets Bro från sin mormor, som brukade berätta om hur bron en gång hade varit en symbol för hopp och förening. Men nu när mormor var borta, kände Felix en stark dragning till bron och en nyfikenhet om vad som verkligen hade hänt med den.

En dag, efter att ha hört ännu en berättelse om bron, bestämde Felix sig för att ge sig ut på en resa för att upptäcka dess hemligheter. Med en liten ryggsäck fylld med bröd, ost och en sliten karta som han hade hittat i mormors gamla kista, begav han sig ut på en vandring mot den övervuxna bron som låg vid dalens utkant.

Vägen till bron var lång och fylld med hinder. Det var som om naturen själv försökte skydda bron från att bli funnen. Vildvuxna buskar och träd blockerade stigen, och den gamla kartan visade sig vara mer av en konstnärlig skiss än en exakt vägledning. Felix kämpade sig genom den täta vegetationen, hans kläder blev smutsiga och hans händer repade sig av de vassa grenarna, men hans beslutsamhet var starkare än något av dessa små motstånd.

När kvällen började falla och himlen målades i djupt blått och purpur, nådde Felix äntligen bron. Den var som en gammal vän som han hade glömt. Den stod där, täckt av mossa och vindens viskningar, med sina stenar som nästan såg ut att sova. Felix satte sig ned vid brofästet och kände en våg av nostalgi och melankoli. Han kunde nästan höra viskningarna från de människor som en gång hade korsat bron, deras skratt och tårar som blandades med vinden.

Plötsligt, när stjärnorna började tändas på himlen, hörde Felix ett mjukt, nästan melodiskt ljud. Det var som en sång som föddes ur bron själv. Han reste sig upp och såg en skugga röra sig över den gamla stenen. En gestalt började ta form framför honom – en gammal man med ett vänligt ansikte och ögon som såg ut som om de bar på universums hemligheter.

"Vem är du?" frågade Felix försiktigt.

"Jag är Brovaktaren," svarade den gamle mannen med ett leende. "Jag har vaktat denna bro i många år och väntat på någon som fortfarande tror på dess magi."

"Vad har hänt med bron?" undrade Felix. "Mormor sa att det var en plats för förening och hopp. Varför är den nu övervuxen och glömd?"

Brovaktaren satte sig ned bredvid Felix och började berätta en historia som gick djupt in i bronens förflutna. "Denna bro," sade han, "var en gång en plats där människor kunde hitta sina hjärtan igen och läka sina sår. Men när världen började förändras, började folk att glömma magin i enkelhet och medmänsklighet. De blev upptagna med att bygga stora städer och att skapa avstånd mellan varandra istället för att bygga broar av förståelse och vänskap. Bron började förfalla, inte för att den inte längre hade kraft, utan för att folk hade glömt hur man använder den."

Felix lyssnade noggrant, hans hjärta fyllt av sorg men också av en glödande inspiration. "Så vad kan jag göra?" frågade han. "Hur kan jag hjälpa bron?"

Brovaktaren såg på Felix med en blandning av hopp och respekt. "Bron är inte bara en fysisk struktur," sade han. "Den är en symbol för det som finns i hjärtat av varje människa. För att återställa dess magi, måste du påminna människorna om vikten av att bygga broar istället för murar, att söka försoning istället för konflikt och att hitta ljus även i de mörkaste tider."

Felix kände en våg av insikt. Han visste att hans resa just hade börjat. Han reste sig upp och lovade att göra sitt bästa för att sprida budskapet om bron. "Jag kommer att berätta för byborna om vad jag har sett och läst om brovaktaren," lovade han. "Jag kommer att hjälpa dem att minnas."

Med ett tacksamt leende på läpparna, gav Brovaktaren Felix en liten sten som han sa var fylld med bronens magi. "Ta denna sten med dig," sade han. "Och när du berättar din historia, kommer denna magi att hjälpa dig att nå fram till människors hjärtan."

Felix tackade Brovaktaren och började sin väg tillbaka till byn. När han kom hem, började han med att samla byborna och berätta om sin upptäcktsfärd. Han delade sina berättelser om bron, om Brovaktaren och om den magiska stenen. Hans entusiasm var smittsam, och snart började byborna återupptäcka sin förbindelse med den gamla bron. De organiserade gemensamma projekt för att återställa bron och göra den till en plats för samling och försoning.

Med tiden blev Ljusets Bro återigen en plats för förening. Människor från olika delar av dalen och bortom började besöka bron, och det blev en symbol för en gemenskap som sträckte sig över gränser och skapade nya band. Felix fortsatte att berätta historier om bron och dess magi, och den lilla stenen som han bar med sig blev en symbol för hopp och en påminnelse om att magin alltid ligger i våra hjärtan, så länge vi väljer att tro på den.

När natten återvände till dalen och stjärnorna började glänsa, kunde Felix se hur ljuset från bron strålade över landskapet, en påminnelse om att även de mest övergivna platserna kan återuppvakta om vi bara kommer ihåg att lyssna och tro. Och så levde bron och dess magi vidare genom de berättelser som spreds av en drömmare som aldrig gav upp hoppet om att återfinna det som en gång varit förlorat.

Bridges of Light

In a distant valley, where mountains draped in snow like a sparkling cloak and rivers whispered their secrets to the wind, lay a small village called Lightdale. The villagers were known for their kind hearts and incredible tales of magical events that preceded their lives. But there was one story that no one really wanted to talk about – a story about an old bridge that was once the lifeline of the village but was now covered in moss and forgotten by time.

The old bridge, known as the Bridge of Light, had once brought people, lands, and hearts together. Legends said that the bridge was built from stardust and dreams and that it had a magical ability to heal broken relationships and create bonds between those who were lost. But as the bridge's structure began to decay and time's teeth started to gnaw at its curbstones, it was no longer used, and no one remembered what had once made it so special.

In one of the small cottages in Lightdale lived a young boy named Felix. Felix was a dreamer who loved to explore the forests and mountains around the village. He had often heard stories about the Bridge of Light from his grandmother, who used to tell tales of how the bridge had once been a symbol of hope and unity. But now that grandmother was gone, Felix felt a strong pull towards the bridge and a curiosity about what had really happened to it.

One day, after hearing yet another tale about the bridge, Felix decided to set out on a journey to uncover its secrets. With a small backpack filled with bread, cheese, and a worn-out map he had found in his grandmother's old chest, he embarked on a hike towards the overgrown bridge that lay at the edge of the valley.

The journey to the bridge was long and fraught with obstacles. It was as if nature itself was trying to keep the bridge hidden. Wild bushes and trees blocked the path, and the old map proved to be more of an artistic sketch than an accurate guide. Felix fought his way through the dense vegetation, his clothes becoming dirty and his hands scratched by the sharp branches, but his determination was stronger than any of these minor setbacks.

As evening began to fall and the sky was painted in deep blue and purple, Felix finally reached the bridge. It was like an old friend he had forgotten. It stood there, covered in moss and whispers of the wind, with its stones almost looking like they were asleep. Felix sat down by the bridge's base and felt a wave of nostalgia and melancholy. He could almost hear the whispers of the people who had once crossed the bridge, their laughter and tears mingling with the wind.

Suddenly, as the stars began to light up the sky, Felix heard a soft, almost melodic sound. It was like a song born from the bridge itself. He stood up and saw a shadow moving over the old stone. A figure began to take shape before him – an old man with a kind face and eyes that seemed to carry the secrets of the universe.

"Who are you?" Felix asked cautiously.

"I am the Bridge Keeper," replied the old man with a smile. "I have guarded this bridge for many years and waited for someone who still believes in its magic."

"What happened to the bridge?" wondered Felix. "Grandmother said it was a place of unity and hope. Why is it now overgrown and forgotten?"

The Bridge Keeper sat down beside Felix and began to tell a story that delved deep into the bridge's past. "This bridge," he said, "was once a place where people could find their hearts again and heal their wounds. But as the world began to change, people started to forget the magic in simplicity and kindness. They became preoccupied with building great cities and creating distance between themselves instead of building bridges of understanding and friendship. The bridge began to decay, not because it no longer had power, but because people had forgotten how to use it."

Felix listened intently, his heart filled with sadness but also a glowing inspiration. "So what can I do?" he asked. "How can I help the bridge?"

The Bridge Keeper looked at Felix with a mix of hope and respect. "The bridge is not just a physical structure," he said. "It is a symbol of what lies in the heart of every person. To restore its magic, you must remind people of the importance of building bridges instead of walls, of seeking reconciliation instead of conflict, and of finding light even in the darkest times."

Felix felt a surge of understanding. He knew that his journey had just begun. He stood up and promised to do his best to spread the message about the bridge. "I will tell the villagers about what I have seen and learned about the Bridge Keeper," he vowed. "I will help them remember."

With a grateful smile on his lips, the Bridge Keeper gave Felix a small stone that he said was filled with the bridge's magic. "Take this stone with you," he said. "And when you tell your story, this magic will help you reach people's hearts."

Felix thanked the Bridge Keeper and began his journey back to the village. When he arrived home, he started by gathering the villagers and sharing his discoveries. He told them about the bridge, the Bridge Keeper, and the magical stone. His enthusiasm was contagious, and soon the villagers began to rediscover their connection to the old bridge. They organized community projects to restore the bridge and make it a place for gathering and reconciliation.

Over time, the Bridge of Light became once again a place of unity. People from different parts of the valley and beyond began to visit the bridge, and it became a symbol of a community that reached across boundaries and forged new connections. Felix continued to tell stories about the bridge and its magic, and the small stone he carried became a symbol of hope and a reminder that magic always lies in our hearts as long as we choose to believe in it.

As night returned to the valley and the stars began to shine, Felix could see how the light from the bridge radiated across the landscape, a reminder that even the most abandoned places can be revived if we only remember to listen and believe. And so, the bridge and its magic lived on through the stories shared by a dreamer who never gave up hope of finding what was once lost.

Stjärnornas Resa och Ögonens Spegel

I en avlägsen del av världen, där himlen möter jorden i en mjuk kyss av grönska och fjäll, låg en liten, tyst by vid namn Månborg. Här levde människor i harmoni med naturen, och deras liv var tätt knutna till stjärnorna på natthimlen. En gammal legend berättade att stjärnorna en gång varit levande och kunde tala, men att de hade blivit stumma när människor slutade lyssna på dem.

I denna by bodde en ung flicka vid namn Sanna. Hon var känd för sina stora, kloka ögon och sitt varma hjärta. Sannas mamma hade berättat för henne om stjärnorna, att de var som vänner som skyddade dem under natten. Trots att ingen längre trodde på dessa gamla sagor, fanns det en del av Sanna som fortfarande lyssnade och drömde om stjärnornas viskningar.

En kväll, när stjärnorna började dyka upp på himlen och månen kastade sitt silversken över byn, kände Sanna ett ovanligt kallt drag. Det var som om stjärnorna var på väg att avslöja något viktigt. Hon kände en stark inre dragning och bestämde sig för att följa sin nyfikenhet. Med en liten ficklampa och ett par varma kläder begav hon sig ut i natten för att söka efter en hemlighet som hon kände låg gömd bland stjärnorna.

Sanna gick genom den stilla natten, genom de mjuka ängarna och de täta skogarna, tills hon nådde en gammal stenbro vid flodens kant. Bron var täckt av mossa och var nästan dold under ett tjockt täcke av grönska. När hon kom närmare såg hon att det fanns en gammal inskrift på en av stenarna. Trots att orden var nästan helt försvunna, kunde Sanna fortfarande urskilja några av bokstäverna: "Till stjärnornas rike..."

Sanna kände hur hennes hjärta slog snabbare. Var denna bro en gång en väg till stjärnorna? Hon besteg bron och började gå över den, med varje steg kände hon hur luften omkring henne blev kallare och mer förtrollad. När hon nådde mitten av bron, stannade hon och såg upp på stjärnhimlen. Det var som om stjärnorna blinkade mer intensivt än vanligt, som om de försökte kommunicera med henne.

Plötsligt började bron vibrera lätt och en ljusstråle sköljde över Sanna. Hon kände hur hon lyftes från marken och fördes bort mot stjärnorna. Denna upplevelse var både skrämmande och underbar. När hon öppnade sina ögon igen, befann hon sig i ett helt nytt landskap – en plats av glittrande ljus och levande stjärnor som svävade omkring i en oändlig rymd.

Här, bland stjärnorna, såg hon en gammal, vis gestalt som svävade fram mot henne. Det var en kvinna klädd i en klänning av stjärnstoft, med ett ansikte som bar på tidens visdom.

"Välkommen, Sanna," sade kvinnan med en röst som var som en viskning av vinden. "Jag är Astris, väktare av stjärnornas rike."

Sanna kände en blandning av förvåning och nyfikenhet. "Hur vet du mitt namn?" frågade hon.

"Stjärnorna känner de som lyssnar," svarade Astris. "Och du, Sanna, har alltid haft ett öppet hjärta för deras viskningar. Det är därför du är här."

"Vad är detta ställe?" undrade Sanna. "Och vad har hänt med stjärnorna?"

Astris förklarade att stjärnorna en gång hade haft en direkt kontakt med människorna på jorden. De delade visdom, tröst och vägledning. Men när människor började ignorera stjärnornas viskningar och istället förlita sig på materiella ting, blev stjärnorna tysta och deras ljus började blekna. "Vi är här för att påminna människor om att det finns mer i livet än det som är synligt för ögat," sade Astris. "Men vi behöver hjälp för att återfå vår röst."

Sanna lyssnade noggrant. Hon kände en djup sorg över att stjärnorna hade blivit tysta, men också en stark önskan att hjälpa till. "Hur kan jag hjälpa?" frågade hon.

Astris pekade mot en stor, lysande spegel som svävade i luften. "Denna spegel reflekterar stjärnornas verkliga ljus. Men den är också en spegel för människors hjärtan. Om vi kan få människor att se in i spegeln och förstå det sanna ljuset i sina egna hjärtan, kan stjärnorna börja tala igen."

Sanna förstod genast vad hon behövde göra. Hon behövde återföra spegeln till jorden och få människorna att se in i den, för att påminna dem om att stjärnornas magi fortfarande fanns där, bara de tog sig tid att lyssna.

Astris överlämnade spegeln till Sanna och gav henne en varm omfamning. "Gå nu," sade hon. "Och sprid budskapet om stjärnornas ljus."

Med spegeln i handen och en nyfunnen beslutsamhet började Sanna sin resa tillbaka till Månborg. När hon återvände till byn, var hon fast besluten att visa spegeln för alla och berätta sin historia. Hon satte upp en liten utställning på bytorget där hon ställde spegeln på en piedestal och bjöd in alla bybor att komma och titta.

Folk samlades omkring spegeln, och när de såg in i den, började de känna en förändring inom sig. Spegeln reflekterade inte bara deras fysiska bilder utan också det ljus som kom från deras hjärtan. Det var som om stjärnornas magi långsamt började fylla deras sinnen och själar.

Med tiden började byborna på nytt att lyssna på stjärnorna. De organiserade stjärnskådningar och berättade historier om stjärnorna för sina barn. De återfann glädjen i att titta upp på natthimlen och förstod att stjärnorna fortfarande hade mycket att erbjuda. Stjärnornas ljus blev starkare, och bron som en gång hade varit glömd, började också få ett nytt liv. Byborna började besöka bron för att minnas stjärnornas magi och för att fira den återupptäckta förbindelsen mellan jorden och stjärnorna.

Sanna fortsatte att berätta sin historia och sprida budskapet om stjärnornas ljus. Hennes ögon, en gång kända för sin visdom och värme, blev nu speglar av stjärnornas egna sken. Och varje gång hon såg upp på natthimlen, visste hon att stjärnorna inte längre var tysta, utan att deras ljus och visdom hade återvänt till människornas hjärtan.

Månborg blev känd som platsen där stjärnorna återfann sin röst, och berättelserna om Sanna och stjärnorna spreds långt bortom dalen. Byborna levde sina liv med en nyfikenhet och en djup tacksamhet för det som fanns ovanför dem, och stjärnorna blev återigen en källa till hopp och inspiration.

Och så fortsatte stjärnornas resa genom människors hjärtan, och deras ljus blev en ständig påminnelse om att vi alla bär på en bit av det gudomliga ljuset inom oss, bara vi är villiga att lyssna och se.

The Journey of the Stars and the Mirror of the Eyes

In a distant part of the world, where the sky meets the earth in a gentle kiss of greenery and mountains, lay a small, quiet village called Moonborough. Here, people lived in harmony with nature, and their lives were closely connected to the stars in the night sky. An old legend told that the stars had once been alive and could speak, but they had become mute when people stopped listening to them.

In this village lived a young girl named Sanna. She was known for her large, wise eyes and warm heart. Sanna's mother had told her about the stars, that they were like friends who watched over them at night. Even though no one really believed these old tales anymore, a part of Sanna still listened and dreamed of the stars' whispers.

One evening, as the stars began to appear in the sky and the moon cast its silver light over the village, Sanna felt an unusual chill. It was as if the stars were about to reveal something important. She felt a strong inner pull and decided to follow her curiosity. With a small flashlight and a few warm clothes, she ventured into the night to seek a secret she felt was hidden among the stars.

Sanna walked through the still night, across the soft meadows and dense forests, until she reached an old stone bridge by the riverbank. The bridge was covered in moss and nearly hidden under a thick blanket of greenery. As she got closer, she saw that there was an old inscription on one of the stones. Although the words were almost completely faded, Sanna could still make out some of the letters: "To the realm of the stars…"

Sanna felt her heart beat faster. Was this bridge once a path to the stars? She crossed the bridge and began walking over it, with each step feeling the air around her grow colder and more enchanted. When she reached the middle of the bridge, she stopped and looked up at the starry sky. It was as if the stars were twinkling more intensely than usual, as if they were trying to communicate with her.

Suddenly, the bridge began to vibrate slightly, and a beam of light washed over Sanna. She felt herself being lifted from the ground and carried towards the stars. The experience was both frightening and wonderful. When she opened her eyes again, she found herself in a completely new landscape – a place of sparkling light and living stars floating in an endless space.

Here, among the stars, she saw an ancient, wise figure floating towards her. It was a woman dressed in a gown of stardust, with a face that carried the wisdom of time.

"Welcome, Sanna," said the woman with a voice like a whisper of the wind. "I am Astris, the guardian of the realm of the stars."

Sanna felt a mix of amazement and curiosity. "How do you know my name?" she asked.

"The stars know those who listen," replied Astris. "And you, Sanna, have always had an open heart for their whispers. That is why you are here."

"What is this place?" Sanna wondered. "And what has happened to the stars?"

Astris explained that the stars had once had a direct connection with the people on earth. They shared wisdom, comfort, and guidance. But as people began to ignore the stars' whispers and relied more on material things, the stars became silent and their light started to fade. "We are here to remind people that there is more to life than what is visible to the eye," said Astris. "But we need help to regain our voice."

Sanna listened intently. She felt a deep sorrow for the stars' silence but also a strong desire to help. "How can I help?" she asked.

Astris pointed to a large, glowing mirror that floated in the air. "This mirror reflects the true light of the stars. But it is also a mirror for the hearts of people. If we can get people to look into the mirror and understand the true light in their own hearts, the stars can begin to speak again."

Sanna immediately understood what she needed to do. She had to bring the mirror back to earth and make people see it, to remind them that the magic of the stars was still there, as long as they took the time to listen.

Astris handed the mirror to Sanna and gave her a warm embrace. "Go now," she said. "And spread the message of the stars' light."

With the mirror in hand and a newfound determination, Sanna began her journey back to Moonborough. When she returned to the village, she was determined to show the mirror to everyone and tell her story. She set up a small exhibition in the village square where she placed the mirror on a pedestal and invited all the villagers to come and see.

People gathered around the mirror, and as they looked into it, they began to feel a change within themselves. The mirror reflected not only their physical images but also the light coming from their hearts. It was as if the magic of the stars was slowly filling their minds and souls.

Over time, the villagers began to listen to the stars once more. They organized stargazing events and told stories about the stars to their children. They rediscovered the joy of looking up at the night sky and understood that the stars still had much to offer. The light of the stars grew stronger, and the bridge that had once been forgotten also began to come back to life. The villagers started visiting the bridge to remember the magic of the stars and to celebrate the renewed connection between the earth and the stars.

Sanna continued to tell her story and spread the message of the stars' light. Her eyes, once known for their wisdom and warmth, became mirrors of the stars' own radiance. And every time she looked up at the night sky, she knew that the stars were no longer silent, but that their light and wisdom had returned to people's hearts.

Moonborough became known as the place where the stars regained their voice, and the stories of Sanna and the stars spread far beyond the valley. The villagers lived their lives with a renewed curiosity and deep gratitude for what lay above them, and the stars once again became a source of hope and inspiration.

And so, the journey of the stars continued through people's hearts, and their light became a constant reminder that we all carry a bit of the divine light within us, as long as we are willing to listen and see.

Den Tysta Skogen

Det var en gång en liten by, belägen vid kanten av en stor, mystisk skog som kallades Den Tysta Skogen. I denna by bodde en ung pojke vid namn Emil. Emil var känd för sin nyfikenhet och sina stora drömmar, trots att han alltid hade varit något rädd för skogen som låg så nära hans hem. Skogen var tyst och hemlighetsfull; dess träd verkade viska hemligheter för varandra, och de som vågade gå in i den återvände aldrig riktigt som de varit innan.

Emil hade alltid hört historier från byns äldre om en magisk vagn som skulle finnas djupt inne i skogen, en vagn som sägs ha förmågan att vägleda de som är vilse i sina liv. Enligt legenden var vagnen inte bara en vanlig vagn; den var en "Själsvagn", skapad för att hjälpa människor att hitta sin inre väg. Emil hade alltid undrat om denna vagn var verklig, eller om det bara var en gammal saga för att skrämma barn.

En natt, när månen var en tunn skära på himlen och stjärnorna glittrade som små diamanter, beslöt sig Emil för att han skulle utforska skogen och leta efter Själsvagnen. Han kände att han hade nått en punkt i sitt liv där han behövde vägledning. Med en ryggsäck fylld med en ficklampa, några smörgåsar och en flaska vatten, gav han sig in i den mörka skogen.

Skogen var som en levande organism. Emils fötter knastrade på de täta lager av fallna löv, och de stora träden tycktes böja sig ned som för att viska hemligheter i hans öron. Emils hjärta slog snabbt, men hans beslutsamhet var starkare än hans rädsla. Han följde en gammal stig som enligt legenden ledde till hjärtat av skogen, där vagnen skulle finnas.

Efter timmar av vandring började Emil känna sig trött och började tvivla på sin egen galenskap. Det kändes som om skogen aldrig skulle ta slut. Då, plötsligt, såg han ett svagt ljus genom träden. Han skyndade sig mot ljuset och fann en gammal, övervuxen glänta. I mitten av gläntan stod en stor, gammal vagn, täckt med mossa och med hjul som nästan såg ut att vara rotade i jorden.

Emil närmade sig vagnen med ett blandat sinne av vördnad och förväntan. Vagnens trä var knotigt och slitna, men det fanns något vackert och mystiskt över den. Emil sträckte sig fram för att öppna vagndörren, som knakade när han rörde vid den.

När dörren öppnades, fann Emil sig i en plats som var både magisk och underbar. Vagnen var fylld med en mjuk, gyllene glöd som tycktes stråla från alla håll. På vagnen satt en gammal man med ett vänligt ansikte och klädd i en enkel, men elegant dräkt av stjärnstoft. Hans ögon bar på en visdom som verkade sträcka sig över tid och rum.

"Hej där, unga vän," sade den gamle mannen med en röst som var mjuk och tröstande. "Jag är Väktaren av Själsvagnen. Vad för dig till mig?"

Emil, som hade varit förberedd på att möta något eller någon, fann sig nu plötsligt mållös. "Jag har hört historier om dig och vagnen," sade Emil. "Jag... jag söker vägledning. Jag känner mig vilse och vet inte vilken väg jag ska ta i livet."

Väktaren log vänligt och nickade förstående. "Många kommer till mig när de känner sig vilse. Själsvagnen är här för att hjälpa dem att hitta sin väg, men för att få svar måste du först fråga rätt frågor. Vad är det du verkligen vill veta, Emil?"

Emil tänkte efter. Han visste inte exakt vad han borde fråga, men han visste att han ville förstå sitt syfte och hitta den väg som skulle ge honom mening. "Jag vill veta hur jag kan hitta min väg och leva ett liv som känns meningsfullt," sade Emil.

Väktaren nickade och räckte Emil en liten, gammal bok som såg ut som den hade sett bättre dagar. "Denna bok innehåller visdom som har samlats genom tiderna. Den är din att läsa och förstå. När du har läst den och reflekterat över dess budskap, kommer du att förstå vad du behöver göra."

Emil tog boken och började bläddra i dess sidor. Boken var fylld med kloka citat, poetiska texter och små illustrationer av landskap och människor. Han kände en djup ro när han läste och insåg att boken inte bara gav honom svar utan också inspirerade honom att tänka på nya sätt.

När Emil hade läst färdigt boken, kände han sig lättad och fylld med en ny energi. "Jag förstår nu," sade Emil. "Jag behöver följa min passion och vara sann mot mig själv. Det är så jag kan leva ett meningsfullt liv."

Väktaren log och sträckte fram handen för att ge Emil en liten, vacker amulett som hade en gnistrande sten i mitten. "Denna amulett är en symbol för den vägledning du har funnit. När du bär den, kom ihåg att din väg är unik och att du har den styrkan att följa den."

Emil tog emot amuletten och kände en värme sprida sig genom kroppen. Han tackade Väktaren och lämnade vagnen med en nyfunnen känsla av syfte och riktning. Han visste att hans resa inte var över, men han hade nu verktygen att fortsätta framåt med förtroende.

När Emil återvände till byn, var han inte längre den osäkra pojken som hade gått in i skogen. Han var nu en ung man med en klarare vision av sitt liv. Han började engagera sig i byns gemenskap och använda sin nyfunna passion för att hjälpa andra. Han organiserade evenemang, delade sin historia och inspirerade människor att följa sina drömmar och leva sina liv fullt ut.

Själsvagnen blev en symbol för de som sökte vägledning och inspiration. Folk från hela landet kom för att se vagnen och höra Emil berätta sin historia. Många gick därifrån med en ny känsla av hopp och riktning.

Och så fortsatte Emil sin resa, alltid med amuletten som en påminnelse om att han hade funnit sin väg genom att lyssna på sitt hjärta och vara sann mot sig själv. Skogen, som en gång hade varit en plats av rädsla och mystik, blev nu en källa till inspiration och upptäckter. Emil lärde sig att ibland är det genom att möta våra rädslor och följa våra drömmar som vi hittar den väg vi var menade att gå.

Och Den Tysta Skogen, med sina viskande träd och hemliga stigar, blev en plats där människor inte längre var rädda för det okända, utan istället välkomnade det som en chans att växa och upptäcka sina egna inre stjärnor.

The Silent Forest

Once upon a time, there was a small village located at the edge of a vast, mysterious forest called The Silent Forest. In this village lived a young boy named Emil. Emil was known for his curiosity and big dreams, even though he had always been somewhat afraid of the forest that lay so close to his home. The forest was silent and enigmatic; its trees seemed to whisper secrets to each other, and those who dared to enter it never truly returned as they were before.

Emil had always heard stories from the village elders about a magical wagon that was said to be deep within the forest, a wagon with the power to guide those who were lost in their lives. According to the legend, the wagon was not just an ordinary wagon; it was a "Soul Wagon," created to help people find their inner path. Emil had always wondered if this wagon was real or just an old tale to scare children.

One night, when the moon was a thin crescent in the sky and the stars sparkled like small diamonds, Emil decided he would explore the forest and search for the Soul Wagon. He felt he had reached a point in his life where he needed guidance. With a backpack filled with a flashlight, some sandwiches, and a bottle of water, he ventured into the dark forest.

The forest was like a living organism. Emil's feet crunched on the thick layer of fallen leaves, and the tall trees seemed to bow down as if to whisper secrets in his ears. Emil's heart pounded, but his determination was stronger than his fear. He followed an old path that, according to the legend, led to the heart of the forest, where the wagon would be found.

After hours of walking, Emil began to feel tired and started to doubt his own sanity. It felt as if the forest would never end. Then, suddenly, he saw a faint light through the trees. He hurried towards the light and found an old, overgrown clearing. In the middle of the clearing stood a large, old wagon, covered with moss and with wheels that almost looked like they were rooted in the ground.

Emil approached the wagon with a mix of reverence and anticipation. The wagon's wood was gnarled and worn, but there was something beautiful and mysterious about it. Emil reached out to open the wagon door, which creaked as he touched it.

When the door opened, Emil found himself in a place that was both magical and wondrous. The wagon was filled with a soft, golden glow that seemed to emanate from all directions. Inside the wagon sat an old man with a kind face, dressed in a simple but elegant garment of stardust. His eyes held a wisdom that seemed to span time and space.

"Hello there, young friend," said the old man with a voice that was soft and comforting. "I am the Guardian of the Soul Wagon. What brings you to me?"

Emil, who had been prepared to meet something or someone, now found himself suddenly speechless. "I've heard stories about you and the wagon," Emil said. "I... I am seeking guidance. I feel lost and don't know which path to take in life."

The Guardian smiled kindly and nodded understandingly. "Many come to me when they feel lost. The Soul Wagon is here to help them find their way, but to receive answers, you must first ask the right questions. What is it that you truly wish to know, Emil?"

Emil thought deeply. He didn't know exactly what he should ask, but he knew he wanted to understand his purpose and find the path that would give him meaning. "I want to know how I can find my path and live a meaningful life," Emil said.

The Guardian nodded and handed Emil a small, old book that looked as if it had seen better days. "This book contains wisdom that has been gathered through the ages. It is yours to read and understand. When you have read it and reflected on its message, you will understand what you need to do."

Emil took the book and began to flip through its pages. The book was filled with wise quotes, poetic texts, and small illustrations of landscapes and people. He felt a deep sense of calm as he read and realized that the book not only gave him answers but also inspired him to think in new ways.

When Emil had finished reading the book, he felt relieved and filled with a newfound energy. "I understand now," Emil said. "I need to follow my passion and be true to myself. That is how I can live a meaningful life."

The Guardian smiled and handed Emil a small, beautiful amulet with a sparkling gem in the center. "This amulet is a symbol of the guidance you have found. When you wear it, remember that your path is unique and that you have the strength to follow it."

Emil took the amulet and felt a warmth spread through his body. He thanked the Guardian and left the wagon with a renewed sense of purpose and direction. He knew that his journey was not over, but he now had the tools to move forward with confidence.

When Emil returned to the village, he was no longer the unsure boy who had entered the forest. He was now a young man with a clearer vision of his life. He began to engage in the village community and use his newfound passion to help others. He organized events, shared his story, and inspired people to follow their dreams and live their lives to the fullest.

The Soul Wagon became a symbol for those seeking guidance and inspiration. People from all over the country came to see the wagon and hear Emil tell his story. Many left with a newfound sense of hope and direction.

And so, Emil continued his journey, always with the amulet as a reminder that he had found his way by listening to his heart and being true to himself. The forest, once a place of fear and mystery, became a source of inspiration and discovery. Emil learned that sometimes, by facing our fears and following our dreams, we find the path we were meant to walk.

And The Silent Forest, with its whispering trees and secret paths, became a place where people were no longer afraid of the unknown, but instead welcomed it as a chance to grow and discover their own inner stars.

Renens Stjärnresa

Det var en gång en ung ren vid namn Rolf som bodde i de kalla och snöiga vidderna i Lappland. Rolf var inte som de andra renarna. Medan de andra var upptagna med att samla mat och förbereda sig för den långa vintern, drömde Rolf om äventyr och stjärnor. Han älskade att ligga på rygg i snön och titta upp på den klara natthimlen, där stjärnorna glimmade som små gnistor i det mörka blå.

En natt, när månen var full och stjärnorna verkade särskilt lysande, såg Rolf en ovanlig syn. En stjärna, som var större och klarare än alla de andra, verkade röra sig över himlen. Den verkade nästan som en fyrbåk, som pekade på en plats bortom vad Rolf någonsin hade sett.

Rolf kände en stark dragning, en känsla av att den där stjärnan ville visa honom något speciellt. Han visste att han var tvungen att följa den. Med ett hopp av mod och beslutsamhet, lämnade Rolf sin flock och började sin resa mot den lysande stjärnan.

Den första delen av hans resa var fylld med utmaningar. Han var tvungen att korsa djupa snödrivor och kämpa mot starka vindar som nästan blåste honom av vägen. Men varje gång han blev trött och ville ge upp, skulle han titta upp mot stjärnan som fortfarande glimmade i fjärran och påminde honom om varför han hade börjat sin resa.

En kväll, när Rolf passerade ett gammalt, knarrande träd som såg ut som det hade stått där i hundratals år, stötte han på en gammal vis uggla vid namn Olga. Olga satt på en gren och betraktade Rolf med sina stora, klok ögon.

"Var är du på väg, unge ren?" frågade Olga med en röst som var mjuk som snön men fylld med styrka.

"Jag följer stjärnan," svarade Rolf. "Jag tror den vill visa mig något viktigt."

Olga nickade långsamt. "Den stjärnan är inte bara en stjärna," sade hon. "Den är en vägledande ljuspunkt, som visar vägen till något som har glömts bort av många. Men resan är inte lätt. Många har försökt och misslyckats."

"Jag är villig att försöka," sade Rolf med ett fast beslut. "Jag känner att jag måste göra det här."

Olga log vänligt och gav honom ett råd. "För att hitta vad du söker måste du vara beredd att se med både ditt hjärta och ditt sinne. Ibland kan det som är mest betydelsefullt vara det som inte kan ses med blotta ögat."

Med dessa ord av visdom fortsatte Rolf sin resa. Han följde stjärnans ljus genom fjäll och dalar, och när natten blev kallare och mörkret djupare, började han känna sig ensam. Han längtade efter sällskap och tröst, men han fortsatte att gå, driven av sin tro på stjärnans löfte.

En kväll, när Rolf var på väg genom en djup dal, hittade han en liten glänta där ett gammalt, förtrollat hus stod. Det var täckt med frost och såg nästan ut som en del av drömmen. Rolf kände en varm känsla i hjärtat när han gick in i huset och upptäckte en gammal, knarrande bok som låg på ett bord.

När han öppnade boken, såg han att den var fylld med vackra illustrationer av stjärnor, månar och äventyr. Varje sida berättade en historia om ljusets kraft och dess förmåga att leda människor mot sina drömmar. Rolf började läsa och kände att boken påminde honom om varför han hade påbörjat sin resa.

I boken fanns en särskild sida med en gammal karta. Kartan visade en väg genom en labyrint av stjärnljus som ledde till en speciell plats. Rolf förstod att detta var det sista steget på hans resa. Han studerade kartan noga och började följa den väg som den visade.

Med hjälp av kartan navigerade Rolf genom labyrinten, över berg och genom skogar av gnistrande frost. Han mötte olika varelser och fick deras hjälp på vägen, inklusive en vänlig räv som gav honom mat och en gammal ek som gav honom skydd från stormen.

Till slut nådde Rolf den plats som kartan hade visat – en klar, glittrande sjö som låg under stjärnornas ljus. Vid sjöns kant stod en majestätisk, gammal gran, och under granen fanns en liten, glänsande kista. Kistan var täckt med stjärnstoft och hade en inskription som lästes:

"Den som hittar denna kista, finner en del av sitt hjärta och en bit av stjärnornas visdom."

Rolf öppnade kistan och fann en vacker, gnistrande kristall som utstrålade ett mjukt, varmt ljus. Kristallen hade en speciell egenskap – när Rolf höll den i sina hovar, kände han en djup inre ro och en klarhet i sitt hjärta. Han visste nu att hans resa hade varit värd det.

Med kristallen i sin ägo återvände Rolf till sin flock. När han kom tillbaka, var han inte längre bara en ung ren som drömde om äventyr. Han var nu en ren med en djup förståelse för stjärnornas ljus och dess betydelse.

Rolf delade sina upplevelser och visdom med de andra renarna. Han lärde dem att se bortom det synliga och förstå att det finns en inre vägledning som alltid är tillgänglig om man är villig att lyssna. Han visade dem kristallen och berättade om sin resa, och de blev inspirerade av hans berättelse.

Flocken började se upp mot stjärnorna på ett nytt sätt. De visste nu att stjärnorna inte bara var ljus på himlen utan också vägledare som kunde leda dem genom livets svårigheter. Varje gång de såg den stora stjärnan som Rolf hade följt, mindes de hans mod och beslutsamhet, och de blev påminda om att deras egna stjärnor alltid var där för att guida dem.

Rolf fortsatte att leva sitt liv med en djup känsla av frid och syfte. Han hade inte bara funnit en fysisk plats utan också upptäckt en inre vägledning och visdom som hade förändrat hans liv för alltid. Och varje gång han såg upp på stjärnorna, visste han att han inte var ensam, utan att hans äventyr hade fört honom närmare stjärnornas magi och den inre ljus som finns i alla.

Och så fortsatte stjärnornas resa genom natten, och varje gnista på himlen blev en symbol för den inre vägledning och mod som vi alla har inom oss, om vi bara är villiga att följa våra drömmar och lyssna till vårt hjärta.

45

The Reindeer's Star Journey

Once upon a time, there was a young reindeer named Rolf who lived in the cold and snowy expanses of Lapland. Rolf was not like the other reindeer. While the others were busy gathering food and preparing for the long winter, Rolf dreamed of adventures and stars. He loved lying on his back in the snow and gazing up at the clear night sky, where the stars sparkled like tiny sparks in the dark blue.

One night, when the moon was full and the stars seemed particularly bright, Rolf saw an unusual sight. A star, larger and brighter than all the others, seemed to be moving across the sky. It almost looked like a beacon, pointing to a place beyond anything Rolf had ever seen.

Rolf felt a strong pull, a sense that this star wanted to show him something special. He knew he had to follow it. With a leap of courage and determination, Rolf left his herd and began his journey towards the shining star.

The first part of his journey was filled with challenges. He had to cross deep snowdrifts and battle strong winds that nearly blew him off course. But every time he grew tired and wanted to give up, he would look up at the star that still glimmered in the distance and remind himself why he had started his journey.

One evening, as Rolf passed an old, creaking tree that looked like it had stood there for hundreds of years, he came across an old wise owl named Olga. Olga sat on a branch and watched Rolf with her large, wise eyes.

"Where are you going, young reindeer?" Olga asked with a voice as soft as the snow but filled with strength.

"I'm following the star," Rolf replied. "I believe it wants to show me something important."

Olga nodded slowly. "That star is not just a star," she said. "It is a guiding light, showing the way to something that has been forgotten by many. But the journey is not easy. Many have tried and failed."

"I'm willing to try," Rolf said with firm resolve. "I feel I must do this."

Olga smiled kindly and gave him a piece of advice. "To find what you seek, you must be prepared to see with both your heart and mind. Sometimes, what is most significant is what cannot be seen with the naked eye."

With these words of wisdom, Rolf continued his journey. He followed the star's light through mountains and valleys, and as the nights grew colder and the darkness deeper, he began to feel lonely. He longed for companionship and comfort, but he kept moving, driven by his belief in the star's promise.

One evening, as Rolf was making his way through a deep valley, he discovered a small clearing where an old, enchanted house stood. It was covered in frost and looked almost like part of a dream. Rolf felt a warm feeling in his heart as he entered the house and discovered an old, creaking book lying on a table.

When he opened the book, he saw it was filled with beautiful illustrations of stars, moons, and adventures. Each page told a story of the power of light and its ability to guide people toward their dreams. Rolf began to read and realized that the book reminded him of why he had started his journey.

In the book, there was a special page with an old map. The map showed a path through a labyrinth of starlight leading to a special place. Rolf understood that this was the final step of his journey. He carefully studied the map and began to follow the path it showed.

Using the map, Rolf navigated through the labyrinth, over mountains and through forests of sparkling frost. He met various creatures along the way and received their help, including a friendly fox who provided him with food and an old oak that offered shelter from a storm.

Finally, Rolf reached the place indicated by the map—a clear, sparkling lake beneath the starlight. At the edge of the lake stood a majestic old pine tree, and beneath the tree was a small, gleaming chest. The chest was covered in stardust and had an inscription that read:

"Whoever finds this chest will find a part of their heart and a piece of the stars' wisdom."

Rolf opened the chest and found a beautiful, sparkling crystal that emitted a soft, warm light. The crystal had a special property—when Rolf held it in his hooves, he felt a deep inner peace and clarity in his heart. He now knew that his journey had been worthwhile.

With the crystal in his possession, Rolf returned to his herd. When he came back, he was no longer just a young reindeer dreaming of adventures. He was now a reindeer with a deep understanding of the stars' light and its significance.

Rolf shared his experiences and wisdom with the other reindeer. He taught them to look beyond the visible and understand that there is an inner guidance always available if one is willing to listen. He showed them the crystal and told his story, and they were inspired by his tale.

The herd began to look up at the stars in a new way. They now knew that the stars were not just lights in the sky but also guides that could lead them through life's difficulties. Every time they saw the bright star that Rolf had followed, they remembered his courage and determination, and they were reminded that their own stars were always there to guide them.

Rolf continued to live his life with a deep sense of peace and purpose. He had not only found a physical place but also discovered an inner guidance and wisdom that had changed his life forever. And every time he looked up at the stars, he knew he was not alone, but that his adventure had brought him closer to the magic of the stars and the inner light that exists in all.

And so, the stars' journey continued through the night, and every spark in the sky became a symbol of the inner guidance and courage we all have within us, if only we are willing to follow our dreams and listen to our hearts.

Räven och De Hemliga Vägarna

I den djupa, mystiska skogen bodde en ung räv vid namn Sigvard. Sigvard var inte som andra rävar. Medan de andra nöjde sig med att utforska skogen och leka bland träden, hade Sigvard en ovanlig nyfikenhet. Han kände en osäker dragning mot det okända och en innerlig önskan att förstå livets större mysterier. Varje kväll när solen gick ner och skogen blev stilla, satte Sigvard sig på en hög klippa och stirrade ut över den vidsträckta skogen. Hans ögon sökte efter något, något han inte kunde riktigt beskriva men som han visste var viktigt.

En kväll, när månen var full och himlen var täckt av tusentals stjärnor, såg Sigvard något märkligt. En svag, glödande ljusstrimma bröt igenom skogens täta grönska. Det var som en liten väg av ljus som ledde djupt in i skogen, en väg som Sigvard aldrig tidigare hade sett.

Nyfiken och förväntansfull började Sigvard följa ljusstrimman. Han trasslade sig genom buskar och över mossbelupna stenar, och varje steg han tog verkade leda honom närmare en stor, dold hemlighet. Den lilla ljusvägen verkade inte försvinna, utan leda honom vidare och vidare.

När han gick längre in i skogen blev ljuset starkare och märkligare. Till slut kom Sigvard till en glänta som han aldrig tidigare hade sett. Där, i mitten av gläntan, stod en gammal ek med en grotta vid sina rötter. Det var inte vilken grotta som helst; den var täckt av mystiska symboler som glödde svagt i månens ljus.

Sigvard tog ett djupt andetag och gick in i grottan. Inuti fann han en gammal, dammig bok som låg på en stenhylle. När han öppnade boken, såg han att den var fylld med vackra teckningar av olika djur och naturfenomen, och varje sida var täckt med gåtfulla texter på ett gammalt språk.

Som han bläddrade genom boken, såg han en bild av en gammal vis uggla som satt på en gren och betraktade världen med sina stora, kloka ögon. Under bilden stod en inskrift:

"För den som söker visdom i mörkret, kommer ljuset att visa vägen."

Sigvard kände att dessa ord var för honom. Han stängde boken och började undersöka grottan närmare. I ett hörn av grottan fann han en liten, gammal lykta. Han lyfte den försiktigt och märkte att den var fylld med ett mjukt, gyllene ljus. När han tände den, fylldes grottan med ett varmt, tröstande sken.

Med lyktan i handen började Sigvard utforska grottan djupare. Han hittade en hemlig gång som ledde ut ur grottan och in i en annan del av skogen. Gången var kantad med små, glödande stenar som lyfte sig upp från marken och skapade en magisk väg.

Sigvard följde gången med ett hjärta fyllt av förväntan. Han visste att detta var en speciell plats, en plats där han kanske skulle finna svar på sina frågor. Vägen ledde honom genom en serie av underbara och mystiska landskap. Han passerade genom en skog med träd som verkade viska hemligheter och över en glittrande flod vars vatten reflekterade stjärnornas ljus.

När Sigvard kom fram till slutet av vägen fann han en stor, glänsande sjö omgiven av blommor som sken i mörkret. Vid sjöns kant stod den gamla ugglan från boken. Ugglan hade en majestätisk och vänlig uppsyn, och när Sigvard närmade sig, blinkade ugglan med sina kloka ögon.

"Välkommen, Sigvard," sade ugglan med en röst som var som en mjuk bris. "Jag har väntat på dig."

Sigvard blev förvånad. "Hur vet du mitt namn?" frågade han.

Ugglan log. "Jag känner till många som söker visdom och förståelse. Jag är den som hjälper dem på deras väg. Vad är det du söker, Sigvard?"

Sigvard kände en blandning av förvåning och vördnad. "Jag söker svar," sade han. "Jag vill förstå livets större mening och hitta min plats i världen."

Ugglan nickade förstående. "Det är en djup och viktig fråga. För att hitta svaret måste du först förstå att vägen till visdom inte alltid är rak. Det är en väg fylld med både ljus och mörker, glädje och sorg."

Sigvard lyssnade noga. "Hur kan jag förstå denna väg bättre?"

Ugglan rörde sig långsamt mot sjön och pekade på den klara ytan. "Se på sjön och betrakta dess spegelbild. Vad ser du?"

Sigvard tittade på sjön och såg sitt eget ansikte reflekteras i det stilla vattnet. Han såg också de stjärnor som speglades i sjön, och deras ljus tycktes dansa och blanda sig med hans egen bild.

"Jag ser mig själv och stjärnorna," sade Sigvard. "Men jag förstår inte vad det betyder."

Ugglan fortsatte. "Sjöar är som speglar för våra själar. De visar oss inte bara vad som är utanför, utan också vad som finns inuti oss. Din plats i världen är inte bara något du hittar där ute, utan något du upptäcker inom dig själv."

Sigvard tänkte efter. Han började förstå att hans sökande efter svar inte bara handlade om att hitta en specifik plats eller ett specifikt mål, utan om att förstå sig själv och sitt eget hjärta.

"Så mitt svar är inom mig själv?" frågade Sigvard.

"Ja," bekräftade ugglan. "Och det är en resa som aldrig riktigt tar slut. Du kommer alltid att lära dig mer om dig själv och världen omkring dig. Det viktigaste är att följa ditt hjärta och vara öppen för de förändringar och upptäckter som kommer din väg."

Sigvard kände en djup ro i sitt hjärta. Han tackade ugglan för visdomen och kände sig redo att återvända till sin del av skogen. Med den lilla lyktan i handen och hjärtat fyllt med nya insikter, följde han tillbaka genom de magiska landskapen och kom till den gamla grottan.

När han återvände till sin del av skogen, fann han att han såg världen med nya ögon. Han började uppskatta de små sakerna och de enkla glädjeämnena i livet. Han insåg att han inte behövde söka efter stora svar i det yttre, utan att han redan hade en plats och mening inom sig själv.

Sigvard började dela sina erfarenheter med andra djur i skogen. Han berättade om sin resa och vad han hade lärt sig om att följa sitt hjärta och söka visdom inom sig själv. Många blev inspirerade av hans berättelse och började också utforska sina egna inre världar.

Skogen blev en plats där djuren inte bara levde för dagen utan också reflekterade över sina egna drömmar och mål. De började uppskatta sina egna unika vägar och visdomar, och Sigvard blev känd som den vise räven som hade visat dem hur man fann svaren inom sig själva.

Sigvard fortsatte att leva sitt liv med en ny förståelse och djupare mening. Han visste nu att varje steg på vägen, vare sig det var genom ljus eller mörker, var en del av hans egen unika resa. Och varje gång han såg stjärnorna som glimmade på natthimlen, mindes han den magiska sjön och den visdom han hade fått från den gamla ugglan.

Så fortsatte skogen att vara en plats för upptäckter och inre ljus. Varje djur som vandrade genom skogen bar med sig en del av den visdom som Sigvard hade delat, och stjärnorna på himlen blev en ständig påminnelse om att våra största insikter och svar finns inom oss, om vi bara är villiga att lyssna och följa vårt hjärta.

The Fox and the Secret Paths

In the deep, mystical forest lived a young fox named Sigvard. Sigvard was not like other foxes. While the others were content with exploring the forest and playing among the trees, Sigvard had an unusual curiosity. He felt an uneasy pull towards the unknown and a deep desire to understand the greater mysteries of life. Every evening, as the sun set and the forest grew still, Sigvard would sit on a high cliff and gaze out over the vast forest. His eyes searched for something, something he couldn't quite describe but knew was important.

One evening, when the moon was full and the sky was covered with thousands of stars, Sigvard saw something strange. A faint, glowing beam of light pierced through the forest's dense greenery. It was like a small path of light leading deep into the woods, a path Sigvard had never seen before.

Curious and excited, Sigvard began to follow the light beam. He wove through bushes and over moss-covered stones, and each step he took seemed to lead him closer to a grand, hidden secret. The small path of light didn't disappear but continued to lead him further and further.

As he ventured deeper into the forest, the light grew stronger and more mysterious. Eventually, Sigvard arrived at a clearing he had never seen before. There, in the middle of the clearing, stood an ancient oak with a cave at its roots. This was no ordinary cave;

it was covered in mysterious symbols that glowed faintly in the moonlight.

Sigvard took a deep breath and entered the cave. Inside, he found an old, dusty book lying on a stone shelf. When he opened the book, he saw it was filled with beautiful illustrations of various animals and natural phenomena, and each page was covered with cryptic texts in an ancient language.

As he flipped through the book, he saw a picture of an old wise owl perched on a branch, observing the world with its large, wise eyes. Underneath the picture was an inscription:

"For those who seek wisdom in the darkness, the light will show the way."

Sigvard felt these words were meant for him. He closed the book and began to explore the cave further. In a corner of the cave, he found a small, old lantern. He lifted it gently and noticed it was filled with a soft, golden light. When he lit it, the cave was filled with a warm, comforting glow.

With the lantern in hand, Sigvard began to explore the cave deeper. He discovered a hidden passage that led out of the cave and into another part of the forest. The passage was lined with small, glowing stones that lifted from the ground, creating a magical path.

Sigvard followed the path with a heart full of anticipation. He knew this was a special place, a place where he might find answers to his questions. The path led him through a series of wonderful and mysterious landscapes. He passed through a forest where the trees seemed to whisper secrets and over a sparkling river whose waters reflected the light of the stars.

When Sigvard reached the end of the path, he found a large, shimmering lake surrounded by flowers that glowed in the dark. At the edge of the lake stood the old owl from the book. The owl had a majestic and friendly demeanor, and as Sigvard approached, the owl blinked its wise eyes.

"Welcome, Sigvard," said the owl in a voice like a soft breeze. "I have been waiting for you."

Sigvard was surprised. "How do you know my name?" he asked.

The owl smiled. "I know many who seek wisdom and understanding. I am the one who helps them on their way. What is it that you seek, Sigvard?"

Sigvard felt a mix of surprise and reverence. "I seek answers," he said. "I want to understand the greater meaning of life and find my place in the world."

The owl nodded understandingly. "That is a deep and important question. To find the answer, you must first understand that the path to wisdom is not always straightforward. It is a path filled with both light and darkness, joy and sorrow."

Sigvard listened carefully. "How can I better understand this path?"

The owl moved slowly towards the lake and pointed to its clear surface. "Look at the lake and observe its reflection. What do you see?"

Sigvard looked at the lake and saw his own face reflected in the still water. He also saw the stars mirrored in the lake, and their light seemed to dance and blend with his own image.

"I see myself and the stars," said Sigvard. "But I don't understand what it means."

The owl continued. "Lakes are like mirrors for our souls. They show us not only what is outside but also what is within us. Your place in the world is not just something you find out there but something you discover within yourself."

Sigvard thought deeply. He began to understand that his search for answers was not just about finding a specific place or goal, but about understanding himself and his own heart.

"So my answer is within myself?" Sigvard asked.

"Yes," the owl confirmed. "And it is a journey that never really ends. You will always learn more about yourself and the world around you. The most important thing is to follow your heart and be open to the changes and discoveries that come your way."

Sigvard felt a deep peace in his heart. He thanked the owl for the wisdom and felt ready to return to his part of the forest. With the small lantern in hand and his heart filled with new insights, he made his way back through the magical landscapes and arrived at the old cave.

When he returned to his part of the forest, he found that he saw the world with new eyes. He began to appreciate the small things and the simple joys of life. He realized that he didn't need to search for grand answers outside; he already had a place and purpose within himself.

Sigvard started sharing his experiences with other animals in the forest. He told them about his journey and what he had learned about following his heart and seeking wisdom within himself. Many were inspired by his story and also began to explore their own inner worlds.

The forest became a place where the animals not only lived for the day but also reflected on their own dreams and goals. They began to appreciate their own unique paths and wisdom, and Sigvard became known as the wise fox who had shown them how to find answers within themselves.

Sigvard continued to live his life with a new understanding and deeper meaning. He now knew that each step on the path, whether through light or darkness, was part of his own unique journey. And every time he looked at the stars shimmering in the night sky, he remembered the magical lake and the wisdom he had received from the old owl.

And so, the forest continued to be a place of discovery and inner light. Each animal that wandered through the forest carried a piece of the wisdom that Sigvard had shared, and the stars in the sky became a constant reminder that our greatest insights and answers lie within us, if only we are willing to listen and follow our hearts.